AF381017

LE CABINET DES SOUVENIRS

William Debrock

*Ce livre est dédié à Agathe, André, Anna, Anna, Cyrielle,
Emile, Jean-Baptiste, Lina, Lisa, Oscar, Valentine et Viktor,
pour qui j'ai pris plaisir à imaginer et écrire cette histoire.*

Prologue

Utopia.

Les longs murs qui enferment la ville se tendent d'un seul bloc au milieu du paysage stérile qu'est devenu notre planète.
Entre ses pierres vivent ce qui reste de l'espèce humaine. Des individus qui ne sont plus que l'ombre d'eux-mêmes.

Comment en sommes-nous arrivés là ?
Peu le savent.

Les seules personnes qui possèdent encore un libre arbitre habitent les extérieurs de la cité. Et elles ne sont que des enfants.
Cachés aux yeux du monde, tous ceux qui n'ont pas été attrapés par la milice tentent autant que possible de vivre convenablement.

C'est sur elles et sur eux que reposent nos derniers espoirs.

Distribution (13 à 16) :

<u>Personnages principaux :</u>

1. Sacha, *responsable du groupe*
2. Marley, *responsable du groupe*
3. Eden, *membre du groupe*
4. Charlie, *membre du groupe*
5. Noa, *membre du groupe*
6. Swann, *membre du groupe*
7. Elie, *membre du groupe*
8. Maxence, *membre du groupe*
9. Loan, *membre du groupe*
10. Aloïs, *membre du groupe*
11. Delta, *gardien des souvenirs*
12. Omicron, *gardien des souvenirs*
13. Sigma, *gardien des souvenirs*

<u>Personnages secondaires :</u>

1. Garde 1
2. Garde 2
3. Garde 3

Les prénoms des personnages sont volontairement mixtes afin d'éviter au maximum de les genrer.
Certains passages du texte peuvent cependant nécessité quelques ajustements selon la distribution.

SWANN

Chut ! J'entends un bruit. Planquez-vous !

Tandis que tous se cachent, un second groupe, composé lui aussi de cinq enfants, entre à son tour sur scène.

SACHA
(à Marley)
On avait dit neuf heures tapantes ! Qu'est-ce qui vous a pris autant de temps ?

MARLEY

On a été retardés. Aloïs a failli se faire chopper par deux d'entre eux alors qu'on filait. On a bien cru qu'on allait y rester.

ALOÏS

Ils sont bien plus nombreux que ce qu'on avait imaginé. À croire qu'ils étaient préparés à ce qu'on les vole.

CHARLIE

On ne les vole pas. On récupère un truc qui ne leur sert à rien.

NOA

Et qu'ils ne méritent pas.

ELIE

C'est clair.

SACHA

Peu importe comment on appelle les choses. Est-ce que vous l'avez ?

Maxence sort une carte de sa poche et la montre à Sacha ainsi qu'aux autres.

MAXENCE

Évidemment. On n'est pas des débutants.

EDEN

On ne devrait pas tarder. Si on se fait choper, on n'a aucune chance de s'en sortir. Et ça fait trop longtemps qu'on traîne dans le coin si vous voulez mon avis.

LOAN

Je ne les ai jamais vus aussi nerveux qu'aujourd'hui. Il y a un truc qui cloche.

ALOÏS

La dernière fois qu'ils étaient dans cet état, c'était à la disparition de...

MAXENCE

(lui coupant la parole)
Pas maintenant Aloïs.
(aux autres)
Allez, on se taille !

MARLEY

Rendez-vous à la tanière.

Il adresse un petit sourire au reste du groupe.

MARLEY

Et n'oubliez pas...

SWANN
(coupant la parole à Marley)
C'est pas le moment pour les cris de guerre et la cohésion de groupe !

MARLEY
Bien au contraire ! Alors avec moi ! Plutôt…

LE GROUPE DE SACHA
Plutôt bouffer des vers…

LE GROUPE DE MARLEY
Que de finir six pieds sous terre.

Ils sortent.

Scène 2 - La tanière

Maxence tient dans ses mains la carte, tandis que Charlie inspecte une clef.

NOA
Alors, qu'est-ce que ça donne ?

MAXENCE
L'entrée a l'air de se situer à un bon kilomètre au sud d'Utopia. Et je pense sans trop d'hésitations qu'elle est cachée aux yeux de tous. Il va falloir être prudents et ne pas se fier aux apparences.

CHARLIE
Ça doit être un sacré trésor, vu à quel point ça semble retourner toute la ville. En tout cas je vous le dis, cette clef-là, c'est pas du toc. C'est bon signe pour nous.

LOAN
Il y a intérêt en tout cas. Je n'ai pas envie d'avoir risqué ma vie pour un truc qui n'en vaudrait pas la peine.

ELIE
C'est clair.

SACHA
Écoutez, il n'y a pas de raison que ça ne marche pas cette fois.

SWANN
Si on oublie qu'on a déjà été trompés sur la marchandise.

ELIE

Et qu'on continue quand même à faire confiance à des personnes qui ont la réputation de vendre de la boue en faisant passer ça pour de la nourriture. S'ils ont bien connaissance d'un lieu dans lequel se cache un trésor, je ne vois pas ce qui les aurait empêchés de se servir les premiers.

MARLEY

Ils ont la trouille, voilà pourquoi.

ALOÏS

J'ai aussi du mal à y croire.

MARLEY

Écoutez. On sait très bien que vous avez des doutes. Mais les sources de Sacha et les miennes sont fiables. La raison pour laquelle Balthazar et sa bande n'y sont pas allés avant, c'est qu'ils n'ont jamais eu le cran de récupérer la carte et la clef.

EDEN

Mais comment ça se fait qu'ils vous aient donné le plan ? Je n'ai pas souvenir que Balthazar ait eu un jour envie de nous aider.

SACHA

Il est persuadé qu'on n'y arrivera pas.

MAXENCE

Eh bah, il va avoir des surprises quand on rentrera les bras remplis d'or. Imaginez un peu le repas de dingue qui nous attend quand on aura réussi.

NOA

J'ai tellement hâte de manger. Je pense que je commencerai par le dessert et qu'après ça, je me gaverai jusqu'à rouler par terre.

CHARLIE

On va plutôt être futés et faire des réserves, tu ne penses pas ?

SACHA

Ne vous en faites pas. On sera suffisamment riches pour troquer au marché noir, s'empiffrer comme on veut et stocker ce qu'il nous faut pour le reste de l'année.

LOAN

Petite question quand même : on a une idée de ce qui nous attend là-bas ?

SACHA

Comment ça ?

LOAN
(sarcastique)
Je ne sais pas, des gardes par exemple. Ou bien des épreuves à passer pour prouver notre valeur.

MARLEY

Aucune idée. Et on ne risque pas de le savoir avant d'y être.

EDEN

On devrait partir dès ce soir. Si tout Utopia est à notre recherche, on n'est pas à l'abri que la milice vienne camper devant le trésor pour nous prendre de court.

NOA

Mais Balthazar avait l'air de dire que même Utopia ne savait pas où il était, non ?

EDEN

Noa, ils ont une carte qui permet d'y aller et une clef pour y entrer. Tu ne penses quand même pas qu'ils ne savent pas où c'est ?

NOA

J'ai simplement de l'espoir, c'est tout.

ALOÏS

J'ai vu mieux comme mise en confiance.

MARLEY

De toute façon, on n'a pas vraiment le choix. Ça va faire huit jours qu'on n'a plus rien à troquer pour manger.

ELIE

C'est déjà huit jours de trop.

MARLEY

Alors un peu de courage, d'accord ?

MAXENCE

Dans tous les cas, on était d'accord sur le plan avant d'aller voler tout ça.

CHARLIE

Récupérer.

MAXENCE

Récupérer.

SWANN

C'est pas le moment d'avoir peur et de se défiler, OK ?

EDEN

Personne ne parle de se défiler Swann. Pas la peine de descendre les autres comme ça. On est tous à cran, mais c'est normal qu'on se pose des questions.

ELIE

Eden a raison. Il faut qu'on reste soudés si on veut y arriver.

Tout le monde hoche la tête et acquiesce.

SACHA

Bien. On prend tout le nécessaire et on décale.

MARLEY

Vous savez ce qu'il nous reste à faire. En route.

Scène 3 - La porte

Les enfants sont rassemblés devant une immense paroi rocheuse.

ELIE

On est sûrs que c'est là ?

MAXENCE

Oui. Il doit y avoir une ouverture quelque part.

LOAN

C'est que de la caillasse. À moins d'y aller à la pioche, on ne risque pas de trouver quoi que ce soit.

NOA

C'est peut-être simplement une grosse pierre précieuse ?

CHARLIE

Si c'était le cas, on n'aurait pas une clef. Elle sert forcément à ouvrir le truc.

SWANN

Ouais, enfin ça, c'est Balthazar qui le dit, hein.

ALOÏS

Tapez dessus. Si ça sonne creux, c'est qu'il y a quelque chose.

LOAN

Non mais sans rire, qu'est-ce qu'on fout là ? On s'acharne vraiment à trouver une serrure sur un rocher ? Ça ne vous

fait pas réfléchir deux secondes ? On nous a menti ! Y'a rien !
Je vais aller casser le nez de Balthazar !

EDEN

Oh ! Calme-toi Loan. On cherche un trésor. C'est caché, les
trésors. Sinon, n'importe qui les trouverait. Alors s'il te plait,
fais un effort et arrête de te plaindre !

ELIE

C'est clair.

MAXENCE

Je crois que j'ai quelque chose !

SACHA

Montre !

MAXENCE

Aloïs avait raison, c'est creux ! Et j'ai l'impression de sentir
une ouverture sous mon doigt.

MARLEY

Charlie, passe nous la clef. Merci. Alors...

MAXENCE

Un peu plus à droite Marley.

MARLEY

J'y suis...

MAXENCE

Plus à droite, vraiment.

MARLEY

Presque...

SACHA

À droite !

MARLEY

J'y vois rien !

TOUS

À droite !

MARLEY

Ça y est !

Un cliquetis de serrure retentit. La porte de pierre camouflée dans la paroi disparaît alors, laissant apparaître un étrange cabinet.

Scène 4 - Le trésor

Les enfants pénètrent dans le cabinet. Celui-ci est surchargé de bibelots, de livres et d'éléments entremêlant les époques. Sur une étagère sont disposés une multitude de sabliers qui prennent la poussière.
Après quelques minutes d'appréhension, l'ensemble du groupe se jette sur les différents objets de la pièce pour les observer. Seuls restent en retrait Swann, Loan, Marley et Sacha.

SWANN

Ce n'est peut-être pas une bonne idée de toucher à ça. On devrait être vigilant.

LOAN

(à Loan)
Je partage cet avis.
(au reste du groupe)
Eh ! Arrêtez de fouiner. On doit d'abord s'assurer que le lieu est sûr.

Personne ne fait attention aux invectives de Loan et Swann.

MAXENCE

(à Charlie)
Je pourrais utiliser ce truc pour faire une arme… Ou un réchaud ?

CHARLIE

Prends-en plusieurs. J'ai plein d'idées aussi.

NOA
(à Eden, Elie et Aloïs)
C'est curieux toutes ces choses.

ELIE
C'est clair.

ALOÏS
Vous avez une idée d'à quoi ça sert ?

EDEN
Aucune. Mais je trouve ça plutôt joli. Ça doit avoir de la valeur.

NOA
Comment tu le sais ?

EDEN
J'imagine que si c'est beau, ça vaut quelque chose.

NOA
On trouvera bien quoi en faire dans tous les cas.

ELIE
(prenant un sablier dans ses mains)
Eh ! Regardez ce que j'ai trouvé !

Pendant que le groupe commence à examiner et s'extasier sur le sablier, Sacha et Marley regardent la scène sans broncher.

SACHA

Ce n'est pas du tout ce qu'on nous a vendu. Il n'y a pas de trésor.

MARLEY

Je sais, j'ai bien vu. On a encore été bernés par Balthazar.

SACHA

Qu'est-ce qu'on fait maintenant à ton avis ? Comment on est censés leur annoncer que ça a foiré ?

MARLEY

Attends, rien n'est encore perdu. On peut encore fouiller cet endroit et récupérer ce qui pourrait nous être utile. Avec un peu de chance, il y a effectivement un trésor quelque part, et on ne l'a simplement pas encore découvert.

SACHA

Je doute que ça suffise. On s'en sortira pas avec si peu. Je refuse de condamner tout le monde à mourir de faim.

MARLEY

Écoute Sacha. Je sais que tu es la personne la plus investie dans la survie de toute la clique. Et on t'en est tous extrêmement reconnaissants. Moi le premier. Mais tu te mets vraiment trop de pression.

SACHA

On ne s'en met jamais assez.

MARLEY

Je sais. Ta vigilance est précieuse pour nous tous. Crois-moi bien quand je te dis que l'ensemble du groupe en est conscient, même si on peut parfois donner l'impression que ce n'est pas le cas. Mais tu ne peux pas toujours réussir. Il y a des moments où le plan tombe à l'eau. Et tu ne peux rien y faire. C'est comme ça. Tout le monde comprendra. Et même s'ils seront déçus, c'est pas un drame. Après tout, ça aurait pu être pire. Il y a forcément des trucs à récupérer ici. Ces bibelots ne suffiront peut-être pas, mais c'est toujours mieux que rien.

Pendant l'échange entre Sacha et Marley, Loan et Swann se rapprochent des autres. Ils commencent à se chamailler.

LOAN

ÇA SUFFIT !

Sacha et Marley se retournent.

MARLEY

Qu'est-ce qu'il se passe ?

LOAN

Vous êtes inconscients ou quoi ?

EDEN

Vous allez vous calmer pour commencer !

SWANN

Non ! Loan a entièrement raison ! Ça ne vous est pas passé par la tête le fait que ces machins sont peut-être piégés ? Vous ne savez même pas ce que c'est !

Swann prend dans sa main le sablier que tenait Elie.

ELIE

Eh ! Rends-moi ça ! C'est moi qui l'ai trouvé !

SWANN

Et si je le jette par terre, qu'est-ce qu'il va se passer à ton avis ?

SACHA

(avançant calmement vers Swann)
Ne fais pas ça.

SWANN

Ah ouais ? Essaie de m'en empêcher pour voir !

SACHA

Je suis d'accord avec vous deux sur le fait qu'il faut qu'on soit prudents. Mais c'est pas en nous faisant tous exploser que ça va régler le problème.

LOAN

Qu'est-ce que ça peut faire, hein ? De toute façon, on a été bernés, pas vrai ?

SACHA

Non, on...

LOAN

Regarde autour de toi deux secondes. Tu vois un trésor ? Moi, je ne vois que des breloques qui ne servent absolument à rien. Alors si ce truc explose, tant mieux. Ça vaudra toujours plus le coup que de mourir de faim.

Elie, Noa, Eden, Aloïs, Maxence et Charlie parlent en même temps.

ELIE

Quoi ? Mais…

NOA

Comment ça pas de trésor ?

EDEN

Tu avais dit que ça allait nous changer la vie !

ALOÏS

Toute façon ça termine toujours de la même manière ces histoires de plan.

MAXENCE

Attendez, on peut peut-être essayer de…

CHARLIE

Je t'en prie pose ça !

Loan prend le sablier des mains de Swann et lève le bras pour le jeter par terre, quand s'élèvent des voix depuis les coulisses.

VOIX 1

Je ne ferais pas ça si j'étais toi.

Silence. Les enfants tournent la tête en direction de la voix. Pris de panique, ils sortent de leurs ceintures et de leurs poches leurs armes de fortune, tantôt composées de lance-

pierres, tantôt de simples bâtons. Ils tentent tant bien que mal de se mettre dans une position de défense.

SACHA
(d'un ton grave)
Qui va là ?

Pas de réponse.

MARLEY
On vous a posé une question ! Qui va là ?

Toujours pas de réponse.

ELIE
On aurait halluciné ?

LOAN
Dans ce cas, je vais reprendre où j'en étais !

Loan relève le bras afin de jeter le sablier par terre. Les autres tentent de l'en empêcher.

TOUS
NON !

VOIX 2
(provenant elle aussi des coulisses)
Ce n'est vraiment pas une bonne idée. Repose donc cela où tu l'as pris.

LOAN

Montrez-vous ! Ou j'éclate ce truc et vous exploserez avec nous !

VOIX 3

(provenant à son tour des coulisses)
Vous ne ferez rien de tel.

SWANN

Dernier avertissement. Sortez de votre planque ou vous aurez affaire à nous.

VOIX 1

Amusant.

Les voix se taisent alors que trois personnages sortent des coulisses. Ils regardent calmement les enfants, gardant leurs distances avec le groupe. Quelques secondes s'écoulent sans que rien ne se passe.

EDEN

OK, restons calmes. Il se passe quelque chose.

CHARLIE

Leur vision est peut-être basée sur le mouvement. Ne faites pas de gestes brusques.

NOA

Ils devraient nous laisser tranquilles si on ne les...

SWANN

Qu'est-ce que vous nous voulez bande de dégonflés ?

NOA

… provoque pas.

LOAN

Ne vous approchez pas. C'est clair ?

ELIE

Eh ! D'abord tu me vole mon… machin, maintenant mes phrases, il s'agirait de t'acheter une originalité Loan !

LE PREMIER GARDIEN

Allons, tout va bien.

ALOÏS

Posez vos armes.

MARLEY

Hors de question.

ALOÏS

Je ne te cause pas Marley ! C'est à vous que je parle, les trois marchands de poussière !

LE PREMIER GARDIEN

Marchands de poussière ? Comme c'est original.

LE TROISIÈME GARDIEN

Nous poserions nos armes avec plaisir. Si toutefois, nous étions armés.

Court silence.

LE SECOND GARDIEN

Nous n'allons pas vous faire de mal.

SACHA

Ça reste encore à prouver.

LE SECOND GARDIEN

Je comprends ta méfiance, Sacha. Mais je t'assure que tu n'as rien à craindre de nous.

Sacha écarquille les yeux. Les autres le fixent, le regard emplis d'incompréhension.

SACHA

Comment est-ce que vous connaissez mon prénom ?

LE PREMIER GARDIEN

Oh. Nous savons tout ce qu'il y a à savoir sur vous.

LE TROISIÈME GARDIEN

Comme nous le savons sur l'ensemble des êtres qui peuplent ce monde.

LE PREMIER GARDIEN

Nous savons comment vous vous appelez.

LE SECOND GARDIEN

Votre passé.

LE PREMIER GARDIEN

Votre présent.

LE SECOND GARDIEN
Votre futur.

LE TROISIÈME GARDIEN
Et absolument tout ce qui fait que vous êtes vous.

LE SECOND GARDIEN
Cette réponse vous convient-elle ?

Nouveau silence. Les enfants se regardent, interloqués.

LOAN
Peu importe ce que vous prétendez savoir de nous. Filez-nous le trésor et on se barre.

LE SECOND GARDIEN
Le trésor ?

LOAN
Ouais. Le trésor que vous cachez. Vous allez gentiment nous le donner et on ne fera pas d'histoires. Compris ?

LE PREMIER GARDIEN
Nous n'avons rien de caché.

LE TROISIÈME GARDIEN
Rien du tout.

LE SECOND GARDIEN
Vous avez déjà trouvé tout ce qu'il y a à trouver.

SWANN

Très marrant. Je vois le genre. Mais je vous assure que si vous me sortez un discours sur le pouvoir de l'amitié qui serait le plus beau des trésors, je vous fais avaler vos langues.

Les trois gardiens rigolent.

LE PREMIER GARDIEN

Ne t'en fais pas pour cela, nous n'avons rien de tel à te baratiner. Nous savons pertinemment que tu détestes ce genre de grands discours. Cependant, nous ne vous mentons pas. Vous avez déjà trouvé ce que vous cherchiez.

MAXENCE

Ces babioles ont de la valeur ?

LE SECOND GARDIEN

Bien plus que tu ne peux l'imaginer.

CHARLIE

C'est un piège.

LE TROISIÈME GARDIEN

Aucunement.

CHARLIE

Arrêtez un peu votre charabia. Pourquoi est-ce que vous nous donneriez toutes ces infos si ça avait vraiment de la valeur ? Je doute que vous nous laissiez partir avec tout ça.

LE SECOND GARDIEN

Il est clair que non. Vous ne pourrez pas sortir avec vos trouvailles.

EDEN

Écoutez tout le monde, ça ne vaut pas le coup.

MARLEY

Comment ça ?

EDEN

On ne va pas manquer de se faire tuer juste pour manger. En tout cas, je ne suis pas OK avec l'idée.

SACHA

On a plus le choix Eden. On n'a plus rien.

ALOÏS

Comment ça on n'a plus rien ?

Court silence.

SACHA

J'ai donné nos dernières rations à Balthazar contre ses informations.

LOAN

QUOI ?

SACHA

Je l'ai fait pour qu'on puisse s'en sortir !

SWANN

Mais tu te fous de nous ? C'est une blague ? Tu as donné nos ressources à ce traître, en sachant pertinemment qu'il n'était pas fiable ? Et tout ça pour des breloques ? Pauvre imbécile ! Dire qu'on t'a fait confiance pendant aussi longtemps ! Et c'est comme ça que tu nous remercies ? Ah, ils sont beaux les chefs de groupe ! Félicitations ! Tout ce que tu auras réussi à faire, c'est nous condamner à mourir !

SACHA

Et toi alors ? Dis-moi ce que tu as fait ! Vas-y, je t'en prie ! Parce qu'à part te plaindre à longueur de temps, tu ne sais rien faire ! J'ai fait tenir ce groupe depuis des années ! Et sans moi, tu te serais déjà fait embarquer par la milice d'Utopia. Et tu aurais le cerveau en bouillie, comme tout le monde ! Alors oui, j'ai donné nos rations à cette enflure de Balthazar, dans l'espoir de vous nourrir absolument tous. Et si t'es pas d'accord, c'est la même chose. Prends-les rênes du groupe, vas-y. On va voir si tu sais vraiment quels sont les meilleurs choix à faire. Ou bien peut-être que tu nous laisseras tomber comme tu l'as fait avec Sofiane ?

MARLEY

Sacha, non.

SACHA

Je ne passe pas mes nuits à me casser la tête et à m'en vouloir de sa disparition pour que l'espèce de larve qui est responsable de sa mort vienne me faire des leçons de morale.

Swann saute au cou de Sacha. Les deux se battent.

NOA

Arrêtez !

SWANN

Tu sais ce qu'il s'est passé ! Tu le sais très bien ! Tu n'as pas le droit, pas le droit de dire ça !

Swann se met à pleurer. Certains enfants l'emmènent sur le côté pour l'aider à se calmer. Les autres prennent Sacha à part.

MARLEY

Mais qu'est-ce qui t'a pris ?

SACHA

Je ne peux plus supporter ces reproches constamment. Je suis à bout. J'ai jamais demandé à être là. J'ai jamais demandé tout ça.

NOA

On le sait très bien. Et nous non plus, on n'a pas voulu en arriver là dans nos vies. Mais ce n'est pas la faute de Swann, ni de qui que ce soit. C'est allé trop loin.

Court silence.

EDEN

Sacha, tu sais ce que représentait Sofiane pour moi. Ne crois pas que tu es la seule personne à ne pas dormir la nuit et à t'en vouloir pour ce qu'il s'est passé. Tu as peut-être perdu un ami, mais j'ai perdu la personne que j'aimais. Et pourtant, je n'ai jamais fait preuve de violence envers Swann comme tu viens de le faire.

SACHA

Comment tu supportes ça ? Comment tu supportes de voir la personne qui aurait pu le sauver tous les jours, en sachant ce qu'il s'est passé ?

EDEN

Ce n'est pas l'un des nôtres qui l'a assassiné. Ce sont ces gens, là, qui gèrent Utopia. Ces mêmes personnes qui nous ont volé nos vies, nous ont fait crever de faim et nous battre pour trois bouts de ficelle. Ça, je ne l'oublie pas. Jamais. Et chaque soir, lorsque j'essaie de fermer l'œil, je revois la tête de celui qui l'a embarqué sous nos yeux et qui en a fait un pantin sans aucune volonté. C'est pour ça que je tiens bon. Parce que j'ai bien l'intention de lui rendre la pareille. Ce n'est pas Swann qui m'a volé Sofiane. Tâches de te le rappeler toi aussi.

Sacha hoche la tête.

ALOÏS

Il va falloir que tu ailles lui parler. Tu ne peux pas laisser la situation dans cet état.

Aloïs jette un regard aux gardiens.

ALOÏS

Mais là, on a autre chose à gérer.

Aloïs se lève et se dirige d'un pas assuré vers les gardiens. Tout le monde suit son trajet du regard.

ALOÏS

Qu'est-ce que vous avez l'intention de nous faire ? Essayez d'être précis et concis, qu'on sache à quoi s'attendre. On n'a pas le temps pour les énigmes.

LE PREMIER GARDIEN

Rien. Nous n'avons pas l'intention de vous faire quoi que ce soit.

ALOÏS

Alors pourquoi vous êtes ici ?

LE SECOND GARDIEN

Pour protéger la chose la plus précieuse au monde.

ALOÏS

Rien que ça ?

LE TROISIÈME GARDIEN

Vous êtes nos invités aujourd'hui. Prenez donc place. Nous vous apporterons un plat chaud et toutes les explications que vous désirez.

Les gardiens sortent de scène.

Scène 5 - Les gardiens des souvenirs

Assis tout autour de la pièce, les enfants dégustent le repas apporté par les gardiens, à l'exception de Swann et Loan.

LE PREMIER GARDIEN
(à Swann et Loan)
Cela ne vous tuera pas.

SWANN
Et comment voulez-vous qu'on vous fasse confiance ?

LE SECOND GARDIEN
Vos amis ne sont pas morts, n'est-ce pas là la preuve de notre bonne foi ?

LOAN
Ravi que votre foie soit en bonne santé, mais rien ne nous prouve que vous n'avez pas empoisonné la nourriture.

SWANN
Et que tout le monde ne va pas tomber comme des mouches dans quelques minutes.

LE TROISIÈME GARDIEN
Que vous faudrait-il pour que nous vous soyons dignes de confiance ?

LOAN
Que vous fichiez le camp d'ici.

LE PREMIER GARDIEN

Cela est impossible, je regrette. Nous ne pouvons laisser ce lieu à la merci de n'importe qui.

SWANN

(à Sacha avec dédain)
Quelle chance on a alors, pas vrai ? On va au moins mourir le ventre plein.

Sacha ne répond pas.

MAXENCE

(aux gardiens)
Vous ne nous avez pas dit comment vous vous appelez.

LE SECOND GARDIEN

En effet.

CHARLIE

Tiens, c'est vrai ça. Vous dites savoir tout de nous, mais on n'a aucune info sur vous.

LE PREMIER GARDIEN

Je m'appelle Delta. Voici Omicron et Sigma. Nous sommes les gardiens du Cabinet des Souvenirs. Et ce, depuis l'aube de l'humanité.

MAXENCE

Le Cabinet des Souvenirs ?

CHARLIE

L'aube de l'humanité ?

ELIE

Omicron ?

ALOÏS

(à Noa)
C'est quoi l'aube ?

NOA

Aucune idée. Mais si ça se mange, je veux y goûter tout de suite.

DELTA

Par laquelle de vos questions voudriez-vous que nous commencions ?

ELIE

Vous vous appelez vraiment Omicron ?

OMICRON

Oui.

ELIE

(après un rire étouffé)
Et vous le vivez bien ?

EDEN

Elie, enfin !

ELIE

Quoi ?

EDEN

On ne dit pas des trucs comme ça !

OMICRON
(se moquant gentiment d'Elie)
C'est clair.

Elie va pour rétorquer, mais se reprend.

ELIE
Pardon.

EDEN
Vous dites être des gardiens des souvenirs ? Qu'est-ce que ça veut dire ?

SIGMA
Voici une véritable bonne question. Delta ? À toi l'honneur.

DELTA
Le lieu dans lequel vous vous trouvez renferme le trésor le plus cher de l'humanité. Un trésor si précieux que la simple idée de le perdre vous rendrait mort de peur, ou bien de tristesse. Tous les sabliers que vous voyez dans cette pièce ne sont autres que l'ensemble des souvenirs des humains. Chacun, individuellement, comprend tout ce que vous avez traversé dans votre passé, ce que vous vivez à l'instant présent et ce que vous ignorez encore de votre futur. Ici, toutes les vies s'écoulent en même temps. Et nous veillons sur chacune d'entre elles.

Aloïs lève la main.

DELTA
Oui ?

ALOÏS

Qu'est-ce que c'est que la chose dont vous venez de parler ?
Les sable-je-sais-pas-quoi ?

SIGMA

Les sabliers.

*Sigma en prend un dans sa main et le lui tend. Aloïs l'attrape
avec précaution.*

SIGMA

Retourne-le.

Aloïs hésite, puis finit par le retourner et écarquille les yeux.

ALOÏS

C'est moi…

SIGMA

Il s'agit en effet du tien. Ce que tu vois là sont tous les
événements passés que tu as vécus, qui défilent à l'infini
devant tes yeux.

NOA

Ça veut dire qu'on peut voir notre futur ? Donnez-moi le
mien ! Je veux savoir !

OMICRON

Non. Vous ne pouvez pas voir ce qui ne vous est pas encore
arrivé. Votre futur n'est qu'une multitude de possibilités. Il
n'y a qu'en faisant les choix que vous ferez que votre
temporalité s'écrira définitivement. Et cela ne sera possible
que lorsque vous aurez mené à bien votre existence.

NOA

Mais vous ne disiez pas que vous connaissiez notre futur ?

DELTA

Si. Nous en connaissons l'ensemble des possibilités.

MAXENCE

C'est impossible. Ça représenterait une infinité de variantes.

SIGMA

C'est le cas.

ELIE

Comment tu connais des choses comme ça Max ?

MAXENCE

(esquivant la question)
C'est impossible de retenir autant de choses.

OMICRON

Impossible pour l'esprit humain, mais pas pour le nôtre.

EDEN

(l'air grave)
Est-ce que vous avez vraiment les souvenirs de tout le monde ?

DELTA

Oui.

Delta donne un sablier à Eden, qui le prend précieusement et le retourne. Les larmes lui montent rapidement aux yeux.

SACHA

Est-ce que c'est...

DELTA

Les souvenirs de Sofiane, votre camarade et la personne la plus chère à ses yeux.

Tous se regroupent autour d'Eden. Sacha pose la main sur le sablier. Formant une chaîne, tous s'attrapent les épaules et assistent aux souvenirs de Sofiane.

EDEN

(tendant le sablier à Delta)
Merci.

Delta le range.

OMICRON

Les vôtres sont tous disposés sur cette étagère. N'ayez pas peur.

Tous se rendent autour de l'étagère pour attraper leur sablier, excepté Swann, qui s'isole.

SACHA

Tu n'as pas envie de regarder ce qu'il y a là-dedans ?

SWANN

Non.

SACHA

Pourquoi ?

SWANN

Tu sais très bien pourquoi. Ne pose pas de question dont tu connais déjà la réponse. Après tout, tu as bien rappelé à tout le monde ce que j'ai fait. Je n'ai pas la force de revoir ça une nouvelle fois.

SACHA

Je te présente mes excuses pour ce que j'ai dit. J'ai parlé sous le coup de la colère et j'ai été infecte avec toi.

SWANN

Ouais, tu as été horrible. Mais ça ne veut pas pour autant dire que tu as tort.

SACHA

Ne dis pas ça.

SWANN

C'est pourtant la vérité. C'est moi qui ai embarqué Sofiane dans ce piège. Si je n'avais pas eu cette idée débile, on ne serait pas là à pleurer sur ses souvenirs et je n'aurais pas brisé la vie d'Eden. Il n'y a pas une nuit où je ne pense pas à ce qu'il s'est passé, ou que je ne revois pas la milice lui coller la tête dans ce fichu casque pour lui vider le cerveau. Et chaque fois que je me réveille, je ne pense qu'à une seule chose : ça aurait dû être moi. Je ne mérite pas d'être là à sa place.

Sacha va pour rétorquer, mais Swann lui coupe la parole.

SWANN

Alors ouais, tu as raison. Je ne sais pas ce que ça fait de tenir un groupe et je te présente moi aussi mes excuses pour t'avoir parlé comme ça. Mais ça n'enlève rien au fait que tu dois arrêter de faire confiance à n'importe qui sous prétexte de vouloir nous aider. Parce que c'est ensemble qu'on va survivre. Alors ne nous met pas dans des galères comme ça.

SACHA
(avec un léger sourire)
Promis.

Noa court vers Sacha et Swann avec deux sabliers à la main.

NOA
J'ai vu ma mère ! Je l'ai vue !

SACHA
Quoi ?

ELIE
Moi aussi, j'ai vu mes parents !

CHARLIE
On les a vus comme on vous voit ! Dans nos souvenirs d'avant la Grande Rafle.

Noa tend les sabliers à Sacha et Swann, qui prennent une grande inspiration et les retournent. Leurs visages passent par diverses émotions au fur et à mesure que le film de leur vie se déroule. Sacha finit par reposer son sablier et se tourne vers Swann qui, traversé par un sourire, le perd très vite et commence à angoisser.

SACHA
Swann, pose ce sablier.

*Swann ne le lâche pas et assiste à nouveau à la disparition
de Sofiane.*

NOA

Swann, est-ce que tu nous entends ? Pose ça, s'il te plait.

*Tout le monde se rapproche, ne sachant trop quoi faire pour
arrêter l'événement.*

MAXENCE

Enlevez-lui ça des mains, bon sang !

*Noa attrape vivement le sablier. Swann souffle avec peine, le
regard perdu dans le vide. Tout le monde vient lui porter
secours.*

NOA

Alors c'est comme ça que ça s'est passé.

Les autres se retournent.

NOA

Ce n'était la faute de personne.

SWANN
(difficilement)
Si. C'était la mienne.

NOA

Non. Tu n'aurais rien pu faire. Personne n'aurait rien pu faire.

DELTA

Noa a raison. Personne n'aurait pu empêcher cet événement.

MARLEY

Vraiment ?

OMICRON

L'enchevêtrement des événements a indubitablement mené à cette issue. C'était ainsi.

LOAN

Mais si on avait tous agi autrement, ça ne serait pas arrivé.

SIGMA

Les choix qu'a pu faire Sofiane lui appartenaient. Malgré toute votre bonne volonté, vous n'auriez pas pu intervenir.

Court silence.

ALOÏS

C'est à cause d'eux qu'on en est là.

ELIE

De qui est-ce que tu parles ?

ALOÏS

De ceux qui ont construit Utopia. De ceux qui ont enlevé nos parents et nous ont condamné à vivre dans la boue et à nous cacher.

SIGMA

Nous avons quelque chose à vous montrer. Suivez-nous.

*Les gardiens sortent de scène. Les enfants hésitent quelques
instants, puis font de même.*

44

Scène 6 - Les souvenirs d'Utopia

Alors qu'ils pénètrent dans la pièce, à l'aspect similaire à la précédente, les enfants découvrent trois gigantesques sabliers. Deux d'entre eux semblent bien plus remplis que le troisième.

LOAN

Qu'est-ce que c'est ?

OMICRON

Nous ne gardons pas seulement les souvenirs de tout un chacun dans ce lieu. Nous sommes aussi les gardiens de la mémoire de l'humanité. Tous les événements qui ont construit le monde sont retenus ici et s'écoulent, eux aussi, en flot continu. Toutes les nouvelles inventions, toutes les guerres, tous les grands accomplissements s'entremêlent et font de votre présent ce qu'il est.

CHARLIE

Pourquoi il y a trois sabliers ? Je veux dire, si tout s'écoule en continu comme vous dites, pourquoi ne pas avoir tout mis au même endroit ?

DELTA

L'histoire du monde est bien plus longue que ce que vous pouvez imaginer. Elle remonte à des centaines de milliers d'années, à une époque où les humains n'existaient pas encore.

CHARLIE

Ça représente quoi des centaines de milliers d'années ?

OMICRON

Quatre milliards, cinq cents millions, sept cent mille soixante-quinze ans pour être précis.

CHARLIE

Ça donne le tournis.

SIGMA

Rassurez-vous. Ces sabliers n'ont commencé à se remplir qu'à l'apparition du genre Homo, il y a deux millions neuf cent mille ans. Cependant, cela représente assez d'Histoire pour que nous ayons besoin de la répartir dans différents contenants.

OMICRON

Le premier sablier que vous voyez ici renferme les souvenirs allant d'Homo habilis, les premiers du genre que nous appelons aujourd'hui humain, jusqu'à la chute de l'Empire Romain. Le second s'étend jusqu'à la découverte de l'arme atomique. Et le dernier continue de se remplir.

SIGMA

Du moins, autant qu'il le peut.

MARLEY

Comment ça ?

ELIE

J'ai absolument rien compris à tout ce que vous venez d'expliquer.

DELTA

Ce qu'il se passe dans votre présent à Utopia ralentit le remplissage des sabliers.

MAXENCE

Pourquoi ?

DELTA

Pour cela, il nous faudrait vous raconter l'ensemble de l'Histoire de votre espèce. Et cela risque de prendre beaucoup de temps.

MARLEY

Mais si on voulait savoir ? Est-ce que vous pourriez nous apprendre ?

SIGMA

Nous...

MAXENCE

Écoutez. Aucun d'entre nous ne sait pourquoi on en est là, ni comment ça a bien pu se passer. La plupart d'entre nous sont nés sans jamais connaître autre chose que la Tanière. C'est important qu'ils sachent.

DELTA

Tu connais bien plus de choses que ce que tu ne laisses apparaître, n'est-ce pas ?

Maxence ne répond pas.

NOA

Qu'est-ce que ça veut dire Max ?

CHARLIE

Vas-y. N'aie pas peur. Dis-leur ce que tu m'as dit.

ELIE

De quoi est-ce que vous parlez au juste ?

MAXENCE

(après un moment d'hésitation)

Je ne vous ai pas tout dit sur moi. Parce que ça n'a pas d'importance en réalité. On est tous dans la même galère. Je me suis dit que ce n'était pas forcément bienvenu.

CHARLIE

(à Maxence)

Il est temps que tu arrêtes de protéger les autres comme ça.
(aux autres)

La réalité, c'est que Max connaît plein de choses. Pas seulement comment bricoler des trucs. Je veux dire des infos sur le monde.

SACHA

Mais si c'est le cas, pourquoi est-ce que tu n'as rien dit ?

MARLEY

C'est vrai, ça aurait pu nous être utile !

LOAN

Décidément, on n'a pas fini d'être déçus dans ce groupe.

MAXENCE

C'est rien, oubliez ce que j'ai dit.

CHARLIE

Ah non ! Ça va pas recommencer ! Si tu ne leur dis pas leurs quatre vérités en face, je vais le faire à ta place !

MAXENCE

Ça ne vaut pas le coup Charlie.

LOAN

Mais de quoi vous parlez en fait ? Vous êtes en train de vous énerver pour aucune raison ! Est-ce qu'on pourrait au moins savoir ce qu'il se passe ?

CHARLIE

C'est mal venu de ta part de faire des commentaires sur le fait de s'énerver. Vous ne manquez vraiment pas de culot de lui reprocher de ne rien vous avoir dit.

ELIE

Ça va pas recommencer ! On n'est pas ici pour régler nos comptes ! Je commence à en avoir ma claque de votre comportement !

NOA

Peut-être que si.

ELIE

Quoi ?

NOA

Peut-être que c'est ça l'épreuve qui nous donnera accès au trésor final. Qu'on dise tout ce qu'on a sur le cœur. Il n'y a qu'en étant honnêtes entre nous qu'on pourra avancer !

SWANN

Un mot de plus Noa et je te jure que ça va mal se terminer.

NOA

C'est pas parce que t'es une tête de lard que tu peux te permettre de menacer les gens comme ça.

Swann serre les dents.

CHARLIE

Peu importe ! Ce que je vous dis, c'est que jamais personne n'a posé la moindre question à Max par rapport à son passé.

Silence.

CHARLIE

Vous voyez ? Personne n'est capable de me dire quoi que ce soit à son sujet. Et ça, c'est parce que vous êtes tellement centrés sur vous-même et sur le fait de vous chamailler que pas un seul d'entre vous ne s'est demandé un jour ce qui avait pu lui arriver.

ALOÏS

Ce n'est pas la seule personne à qui on n'a rien demandé.

MARLEY

Aloïs ? Tu ne vas pas t'y mettre toi aussi ?

ALOÏS

Charlie a raison. Regardez deux secondes comment fonctionne ce groupe. Tous ceux à qui on s'intéresse, ce sont ceux qui font le plus de bruit. Pendant ce temps-là, Maxence, Elie, Noa et moi, on vous regarde faire sans rien dire. Ah si, au temps pour moi ! On peut parler uniquement pour atténuer les tensions entre vous. Alors si on pouvait arrêter deux secondes avec l'hypocrisie, ça rendrait service à beaucoup de monde.

MAXENCE

Stop, on arrête. Ça me met trop mal à l'aise. C'est très gentil de prendre ma défense, mais j'ai pas la tête à ça.

CHARLIE

Comme tu veux.

MAXENCE

Ce que je veux, là maintenant, c'est de savoir ce qui a fait qu'on en est arrivés là.

DELTA

Nous allons faire en sorte de répondre à vos questions. Installez-vous.

SIGMA

Pour comprendre comment vous en êtes arrivé là, il nous faut remonter à une période charnière de l'humanité.

Sigma touche le second sablier. Des souvenirs du XXIe siècle apparaissent alors sur scène.

SIGMA

Ce que vous entendez est l'écho du XXIe siècle, à la veille du jour où le monde plongea dans le chaos.

OMICRON

Les humains n'étaient obnubilés que par eux-mêmes, exploitant à tort et à travers les ressources de la Terre, polluant l'atmosphère...

DELTA

Attisant la haine envers les leurs, rejetant la différence...

OMICRON

Pointant du doigt la pauvreté...

DELTA

Mais ne faisant jamais rien de concret pour y apporter une solution.

SIGMA

Les guerres entre les humains ne cessaient jamais. Ce n'était pas la justice ou l'égalité qui motivait les humains. C'était le profit.

DELTA

Toujours plus.

OMICRON

Toujours plus.

SIGMA

Toujours plus.

DELTA

Il y a eu une année, qu'on appella 2024 après Jésus-Christ. Un temps bien loin derrière vous, où tout était déjà en train de basculer sans que personne ne s'en rende compte.

OMICRON

Vos ancêtres assistaient au réchauffement de la planète. Ils le voyaient par eux-mêmes : le monde qu'ils avaient construit était en train de se consumer. Les étés étaient de plus en plus chauds et les hivers de moins en moins froids.

SIGMA

Ils auraient pu faire quelque chose. Mais la cupidité de l'humain est ce qu'elle est. Les efforts de certains n'auront pas suffi à récupérer l'égoïsme des autres.

DELTA

Ils ont continué à exploiter la planète, bien au-delà de ce qu'elle était capable de leur fournir. Et ainsi, les cours d'eau se sont évaporés à vue d'œil. Puis ce fut le tour des rivières, des fleuves, des lacs et des océans.

SIGMA

L'humain venait de se condamner à la sécheresse éternelle et à devoir se faire la guerre pour obtenir de l'eau.

OMICRON

Mais sans eau, la planète ne pouvait plus non plus fournir de nourriture. C'est ainsi qu'éclata la grande guerre qui décima la plupart de votre espèce.

DELTA

Et c'est dans ce contexte que fut bâtie Utopia. Une ville construite sur les cadavres d'une humanité arrivée à terme, mais qui ne saurait mourir.

SIGMA

Vos ancêtres, les vainqueurs de cette guerre, ont bâti cette cité en espérant un avenir radieux. Mais l'humain ne se refait pas. La soif de pouvoir de certains a suffi à renverser tout ce qui avait été reconstruit. Après quelques années de lutte à l'intérieur de la ville, les dirigeants d'Utopia ont mis en place l'Harmonia.

DELTA

Ce sérum, injecté de gré ou de force dans le cerveau de la population, rend n'importe quel être humain docile, obéissant au doigt et à l'œil à son gouvernement.

SIGMA

Certains ont cherché à s'enfuir de cet enfer. En vain.

OMICRON

C'est pour cela que les sabliers ne se remplissent plus depuis des années. Nous ne pouvons pas conserver les souvenirs de personnes qui ne peuvent plus penser. Vous faites partie des rares à encore posséder un libre arbitre.

Silence.

ELIE

Est-ce qu'on peut y faire quelque chose ? Est-ce qu'il existe un moyen pour renverser la situation et rendre leur liberté aux habitants d'Utopia ?

DELTA

Malheureusement, nous n'en savons rien.

MAXENCE

Comment des êtres omniscients comme vous peuvent ne pas savoir ?

SIGMA

Nous ne voyons plus l'avenir au-delà d'Utopia. Tout semble s'arrêter ici.

Nouveau silence.

CHARLIE

Si j'avais su que je vivrais jusqu'à la fin du monde...

Scène 7 - Le futur d'Utopia

Assis en cercle, les enfants semblent perdus dans leurs pensées. Les gardiens sont quant à eux absents.

ALOÏS
(brisant le silence)
Qu'est-ce qu'on est censés faire maintenant ?

SACHA
J'en sais rien.

ALOÏS
Max. Je crois qu'on te doit des excuses par rapport à ce que nous a dit Charlie tout à l'heure.

MAXENCE
Non, ce n'est pas la peine.

CHARLIE
Je ne partage pas cet avis, tu t'en doutes bien.

MAXENCE
(avec un sourire)
Évidemment que je m'en doute.

SWANN
Je suis d'accord avec Charlie.

MARLEY
Toi, tu es d'accord avec Charlie ?

ELIE

Je dirais même plus : toi, tu es d'accord avec quelqu'un ?

SWANN

Ça va, pas la peine d'être humiliants comme ça. C'est pas drôle.

CHARLIE

Vous voyez, c'est pour cette raison qu'on ne sait rien les uns des autres. Swann essaie d'être sympa, mais vous ne faites que l'envoyer balader. Faites un effort pour une fois. S'il vous plaît. Ça ne vous fait pas réfléchir ce qu'on a vu ? Parce que moi, je ne pourrai plus jamais vivre de la même manière. Je ne veux pas que ce qu'on a construit ensemble finisse comme ça.

Court silence.

SACHA

Vous allez me détester pour ce que je vais dire mais…

SWANN

Pitié, pas ça. Je t'assure Sacha, je ne veux pas qu'on s'engage là-dedans.

SACHA

Et pourtant, je pense que c'est la meilleure chose à faire. J'aimerais qu'on apprenne vraiment à se connaître.

NOA

Mais on se connaît déjà. On a grandi ensemble. On est une équipe.

ALOÏS

Ce n'est pas de ça que parle Sacha, mais plutôt de se connaître individuellement.

MARLEY

(après avoir adressé un sourire à Sacha)
Pourquoi pas après tout. Ça ne peut pas nous faire de mal.

LOAN

(après une courte hésitation)
Je n'ai pas toujours été comme ça, vous savez. Je ne m'énerve pas juste pour faire joli ou pour être la personne ronchonne du groupe. En réalité, j'ai peur. Peur de ne pas trouver ma place auprès de vous. De ne pas trouver ma place dans le monde en général. Parfois, ça m'arrive de penser au peu de souvenirs que j'ai de mes parents avant de m'endormir, pour ne pas mourir d'angoisse. Je ne sais pas ce qu'ils sont devenus. C'est comme si j'avais vécu ces quelques souvenirs et qu'après ça, c'était déjà la vie à la Tanière. Si je m'énerve tout le temps, c'est que j'ai peur que vous m'abandonniez, ou alors qu'il vous arrive quelque chose de grave.

Loan regarde Sacha.

LOAN

Je comprends plus que personne le fait que tu aies autant peur qu'il nous arrive malheur. Mais je n'ai jamais pu en parler à qui que ce soit. Alors à chaque fois, je me mets en colère. C'est le seul moyen que j'aie trouvé pour vous faire comprendre que ça m'inquiète. Je vous présente mes excuses pour tout ce que j'ai pu vous dire de méchant depuis des années. Je sais que ça explique, mais que ça n'excuse pas. Pour autant je suis sincère.

ELIE

Moi aussi, j'ai peur.

LOAN

Ah bon ?

ELIE

Oui. Un peu de la même manière que toi. Sauf que j'ai choisi de me réfugier dans l'humour pour survivre au stress. C'est pour ça que je ne parle pas beaucoup et que je fais des blagues. Je ne suis pas bête comme vous le pensez.

MARLEY

Elie, on n'a jamais pensé que tu étais bête.

ELIE

Je le vois bien des fois. C'est dans la manière dont vous me regardez ou me reprenez quand je parle. Mais moi, je fais avec, parce que je n'ai pas envie de me battre avec vous. Alors, je vous laisse faire, parce que j'ai aussi l'impression que ça vous fait du bien. Ça ne me dérange pas, vous savez.

SACHA

Je suis terriblement désolé.

ELIE

Ce n'est de la faute de personne, tu sais. Chacun et chacune ici a sa manière de réagir et je ne veux pas brusquer qui que ce soit. C'est aussi à moi de m'affirmer, j'imagine.

EDEN

Elie, tu ne dois pas t'effacer comme ça.

ELIE

J'ai toujours été un peu timide, d'aussi loin que je me le rappelle. Je ne suis pas quelqu'un qui peut être chef ou prendre de grandes décisions. Mais je vous assure que si vous courriez un grand danger, je serais toujours là pour vous aider. Je ne vous laisserai jamais tomber.

NOA

Moi aussi. Je serais capable de faire l'impossible pour vous. Mais je ne suis pas très bavard. J'ai du mal à prendre la parole. C'est pas que j'en ai pas envie. Mais c'est compliqué de trouver sa place des fois.

ALOIS

C'est le moins qu'on puisse dire.

SACHA

Je ne sais pas quoi vous dire, à part vous présenter mes excuses.

MARLEY

Ça va peut-être un peu loin non ? C'est vrai on n'est pas les meilleurs chefs de groupe. Mais on fait de notre mieux. On a le droit de se tromper ou c'est trop demander ?

ALOÏS

Au risque d'être désagréable, c'est trop facile de se trouver des excuses. Pour une fois qu'on essaie de communiquer, fais un effort s'il te plaît. Il y en a ici qui ont enfin le courage de s'exprimer, c'est pas pour que tu te mettes sur la défensive. D'une, ça n'aide personne. De deux, il s'agirait d'arrêter de tout centrer sur soi et de respecter ce que ressentent les autres. Tu peux dire ce que tu veux, ça ne changera rien à nos sentiments.

ELIE

Oublie, on n'a rien dit.

CHARLIE

Non. On continue. Tout le monde va dire ce qu'il a sur le cœur.

SWANN

Très bien. Moi, je n'ai jamais connu mes parents. Même avant la Grande Rafle. Ma vie, ça a toujours été de la survie. La première fois que j'ai fait partie de quelque chose qui avait vraiment du sens, c'est lorsque j'ai rencontré Sacha. Mes parents m'ont abandonné à la naissance. J'en ai aucun souvenir. Même les sabliers ne m'ont pas montré leur visage.

ELIE

C'est horrible…

SWANN

Pas tant que ça. J'ai appris à m'en sortir par moi-même. Et dans notre situation, c'est pas du luxe.

CHARLIE

C'est pour ça que tu es autant en colère ?

SWANN

Non.

EDEN

Alors pourquoi ?

SWANN

J'ai peur pour vous. Vous êtes la première et la seule famille que j'ai jamais eue.

ALOÏS

Comme moi. Je n'ai jamais connu autre chose que l'orphelinat et vous. Et c'était pas facile tous les jours.

MAXENCE

J'y suis allé une fois. C'était pour adopter ma petite sœur.

ELIE

Tu as une sœur ?

MAXENCE

Oui. Elle s'appelle Louise. Je ne sais pas si elle est encore vivante. Mes parents ne pouvaient pas avoir d'enfants, alors on a eu beaucoup de chance. J'étais encore un bébé quand on leur a dit qu'elles allaient pouvoir m'adopter et être mères. Je n'ai donc pas de souvenir avant ça. Je ne me rappelle que de ma vie avec elles. Je donnerais tout ce que j'ai pour les retrouver.

EDEN

Comment est-ce qu'elles étaient ?

MAXENCE

C'était les plus belles du monde. Je les aime encore tellement.

MARLEY

Tu as eu de la chance.

MAXENCE

Peut-être.

MARLEY

Ça n'a pas été mon cas. J'arrive plus facilement à comprendre Swann et Aloïs. J'aurais préféré grandir dans un orphelinat plutôt que dans la famille que j'avais.

NOA

Tu ne peux pas dire ça Marley ! C'étaient tes parents !

MARLEY

Si, je peux. Mes parents voulaient des enfants. On était beaucoup dans la famille, ça, c'est sûr. Mais il y a une différence entre vouloir des enfants et savoir s'en occuper. Ma mère était tout le temps débordée. Et mon père, lui, dès qu'il rentrait du travail, il venait me trouver dans ma chambre. Et il me tapait dessus, jusqu'à ce qu'il se soit calmé. Des fois, il me frappait parce qu'il considérait que j'avais mal agi, ou mal parlé. Mais le plus souvent, il le faisait parce qu'il était frustré au travail. Moi j'avais rien demandé. Mais tous les jours, sans exception, il levait la main sur moi. Croyez-moi quand je vous dis que la Grande Rafle a été le meilleur moment de ma vie.

EDEN

Comment est-ce que tu t'es sorti de ça ?

MARLEY

Quand ils sont entrés chez nous, j'ai d'abord cru que c'était mon père. Alors je suis monté me cacher, pour qu'il passe ses nerfs sur quelqu'un d'autre. J'ai vite compris que c'était pas lui. Je suis resté là jusqu'à ce qu'il n'y ait plus de bruit. Quand je suis sorti, tout le monde avait disparu.

ELIE

Comment on peut faire ça à un enfant ?

MARLEY

J'en sais rien. Mais je ne le pardonnerai jamais. Et j'espère qu'ils ont tous été avalés par Utopia pour que je n'aie plus jamais à les revoir.

SACHA

Tu en veux à tout le monde de ta famille ? Je veux dire, tu disais que ta mère était...

MARLEY

Ma mère voyait tout ça. Et elle ne faisait rien. Elle venait me voir en me disant que ça allait passer, qu'il était juste fatigué à cause du travail. Mais elle n'a jamais pris ma défense.

ELIE

Elle a fait ce qu'elle a pu pour te protéger.

MARLEY

Non. Parce que si elle avait vraiment fait tout ce qu'elle avait pu, elle se serait interposée. Je n'avais pas à subir ça.

ALOÏS

Mais tu ne penses pas qu'elle aussi elle a dû vivre ce genre de choses.

MARLEY

Peut-être. Mais je n'avais pas subir ça pour autant.

LOAN

C'est sûr. Certains parents méritent d'avoir fini là où ils sont.

SACHA

Mais d'autres non.

SWANN

Pour moi, ils sont tous pareils.

Court silence.

MARLEY

Pas la peine d'avoir l'air si abattu. Ça ne m'a pas empêché d'avoir le sens de l'humour !

NOA

Disons qu'on ne s'attendait pas à ça venant de toi.

ELIE

C'est clair.
(Regardant Sacha)
À toi Sacha. Raconte-nous ton histoire.

SACHA

Je n'ai pas trop envie.

NOA

Pourquoi ?

SACHA

Je n'ai pas d'histoire comme ça à partager. Ma vie à moi était juste banale.

ALOÏS

Est-ce que tu les as vus ? La milice. Quand ils sont venus chercher ta famille ?

SACHA

Non. J'étais à l'école. Il y a eu l'alerte et on a couru vers les bois. Ils ont attrapé la plupart d'entre nous. Balthazar et moi, on a réussi à s'enfuir avec d'autres copains. Mais quand je suis arrivé à la maison, il n'y avait plus personne.

LOAN

Tu étais à l'école avec Balthazar ?

SACHA

Oui. Avec Eden et Sofiane aussi.

EDEN

Exact.

LOAN

Décidément, on en apprend tous les jours.

EDEN

Balthazar a refusé qu'on aille voir si nos familles allaient bien. On ne l'a pas écouté et on y est quand même allés. D'abord chez Sacha, puis chez moi, et ensuite chez Sofiane. Ça ne lui a pas plu qu'on remette en question ses ordres. Alors il a dressé le reste de nos amis contre nous.

SACHA

Il voulait faire la guerre, qu'importe contre qui ce serait, pour être le seul à qui on devrait obéir. On n'était pas d'accord avec ça.

EDEN

Alors, on est partis.

SACHA

Et on a fini par vous trouver.

MAXENCE

Et ta famille Eden ?

EDEN

Disparue, comme celle de Sacha. Ils doivent être prisonniers à Utopia. Ou alors, ils sont morts. Je crois que je préférerais ça que de les savoir esclaves de la ville.

CHARLIE

Moi, je les ai vus. Comme Marley. Je jouais à cache-cache avec mon père. C'était la dernière partie avant qu'on passe à table. Papa a vu quelque chose de bizarre. Il m'a dit de rester où j'étais. C'étaient eux. Il a refusé d'ouvrir, alors ils ont fracassé la porte. Mes parents se sont débattus. La milice les a abattus. Je ne pouvais rien dire, sinon c'était terminé pour moi aussi. Je suis resté là pendant des heures après qu'ils sont partis. Je n'oublierai jamais ce que j'ai vu ce jour-là.

Silence.

EDEN

On doit changer ça.

LOAN

De quoi tu parles ?

EDEN

Utopia.

SWANN

Je ne te suis pas.

EDEN

Ça ne vous donne pas envie de vous battre ? Parce que moi, si ! J'en ai marre de rester ici sans rien faire, sous prétexte qu'on est des gamins. Je peux plus rester dans l'inaction comme ça.

SACHA

Bien sûr que si, on en a envie. Mais comment tu veux qu'on fasse ?

Entrent les gardiens.

DELTA

Enfin, nous y sommes.

LOAN

De quoi vous parlez encore ?

OMICRON

Nous attendions ce moment. Nous sommes heureux d'y être enfin.

MAXENCE

Quel moment ?

SIGMA

La fin de notre histoire.

DELTA

Nous pouvons vous aider à vaincre Utopia.

ELIE

J'ai du mal à vous suivre. Vous savez comment arrêter tout ça, mais vous n'avez rien fait ?

OMICRON

Nous ne pouvons pas.

SIGMA

Nous faisons partie de ce lieu. En sortir nous est tout simplement impossible.

MAXENCE

Dites-nous ce qu'on doit faire.

Omicron tend un livre à Maxence.

OMICRON

Apprendre.

ELIE

Hein ?

DELTA

Laissez-nous vous enseigner tout ce que nous savons. Il n'y a que de cette façon que vous pourrez rendre leur libre arbitre aux vôtres.

Les enfants s'échangent un regard interloqué.

LOAN

Permettez-moi de douter du fait que ce soit efficace.

SACHA

En supposant qu'on vous dise oui, ça nous prendrait combien de temps ?

DELTA

Trois ou quatre ans, tout au plus.

Marley, Loan et Swann éclatent de rire.

LOAN

Je crois que vous n'avez pas bien compris la situation.

SWANN

On ne sait pas si on survivra aussi longtemps.

MARLEY

Et croyez-moi que ce n'est pas en faisant du théâtre qu'on va sauver le monde.

OMICRON

À votre arrivée, nous vous avons affirmé que nous gardions le trésor le plus précieux de l'humanité. Nous ne vous avons pas menti. Il n'est pas seulement question de veiller sur vos souvenirs. Cela va bien plus loin.

SIGMA

Si l'humanité arrête de penser, il ne restera plus rien.

OMICRON

Tous ces sabliers disparaîtront.

DELTA

Et lorsque le dernier aura cessé de fonctionner, c'en sera fini de votre espèce.

OMICRON

L'humain s'est condamné lui-même à l'extinction. À moins que vous y mettiez un terme.

CHARLIE

Mais on n'est que des gosses ! Vous avez l'air de l'oublier ça ! Moi aussi j'ai envie de me battre, mais soyons lucides : on est personne pour ce monde.

DELTA

Au contraire, vous êtes tout.

SIGMA

Il n'y a que vous qui puissiez les aider. Vos esprits ne sont pas pervertis par leurs règles.

DELTA

Vous n'imaginez pas à quel point vous êtes importants.

Court silence.

MAXENCE

J'en suis.

SWANN

Quoi ?

MAXENCE

Je leur fais confiance. Et j'ai envie de tenter. Imaginez un peu ce qu'on pourrait faire ! On peut sauver le monde ! En plus, ici, on ne craint rien.

MARLEY

Qu'est-ce qui te garantit qu'on y arrivera ? Que tu ne vas pas simplement te faire tuer le jour où tu t'approcheras d'Utopia ? Que ce soit aujourd'hui ou dans quatre ans, rien ne va changer. Apprendre ne te rendra pas insensible aux balles. La vie, elle est dehors. Elle est comme on la connaît. Pas dans les mots.

ELIE

Et si tu te trompais ? On a une chance d'aider tout le monde. On doit voir plus loin que la Tanière.

LOAN

Non, Marley a raison.

ALOÏS

Je suis avec Maxence.

SACHA

Moi aussi.

SWANN

Je rejoins aussi Marley.

CHARLIE

Je suis du côté de Sacha.

ELIE
Je suis aussi avec Sacha.

*Le groupe se divise en deux. D'un côté, on trouve Swann,
Loan et Marley. De l'autre, il y a Aloïs, Elie, Maxence, Sacha
et Charlie.*

ELIE
On est en majorité. Je crois que ça veut dire qu'on reste ici.

MARLEY
Non. On attend déjà la décision de Noa et Eden.

Tout le monde les regarde.

EDEN
Arrêtez de nous fixer comme ça. Vous êtes vraiment nazes
de nous laisser le poids de cette décision.

SACHA
On ne veut pas vous forcer à quoi que ce soit. Suivez votre
instinct. Ce n'est pas grave si on n'est pas d'accord.

EDEN
Très bien.
(après une respiration)
Je suis avec Marley.

L'ensemble des enfants est surpris par sa réponse.

NOA
Et moi aussi.

ELIE

Eden... Je ne te comprends pas.

EDEN

Je sais. Vous pensiez que je vous suivrais pour sauver Sofiane. Mais j'ai réfléchi et j'ai pris ma décision. Je veux rentrer à la Tanière. Pas pour abandonner cette lutte. Mais pour vous aider de l'intérieur.

MARLEY

À quoi est-ce que tu penses ?

EDEN

On leur prépare le terrain.

NOA

On commence à créer des brèches dans Utopia. On établit des bases un peu partout. Quand ils sortiront, on aura plus qu'à se mettre en action.

MAXENCE

De notre côté, on aura le temps d'établir un plan d'attaque.

ELIE

Ce qui veut dire qu'on mettra fin à tout ça ensemble.

ALOïS

Un vrai plan réfléchit, ça me plaît.

LOAN

On va faire leur fête aux dirigeants d'Utopia.

SWANN

Et leur montrer qu'il ne fallait pas nous chercher !

EDEN

Qu'est-ce que tu en dis Marley ?

Marley s'approche de Sacha. Après un moment, tous deux échangent une accolade.

MARLEY

Quatre ans pour se préparer à leur botter le derrière. Ça vaut le coup.

SACHA

J'en suis persuadé.

MARLEY

Tu vas me manquer.

SACHA

Toi aussi.

MARLEY

Je t'attendrai.

SACHA

Ne commence pas sans moi.

Les gardiens se détachent du groupe d'enfants.

OMICRON

Les humains n'étaient obnubilés que par eux-mêmes, exploitant à tort et à travers les ressources de la Terre, polluant l'atmosphère...

DELTA

Attisant la haine envers les leurs, rejetant la différence...

OMICRON

Pointant du doigt la pauvreté...

DELTA

Mais ne faisant jamais rien de concret pour y apporter une solution.

SIGMA

La soif de pouvoir de certains a suffi à renverser tout ce qui avait été reconstruit.

DELTA

Jusqu'à ce qu'un vaillant groupe d'amis ait le courage de rattraper les erreurs de leurs ancêtres.

OMICRON

Faisant preuve de bien plus de sagesse que celles et ceux qui avaient tout détruit.

FIN

Aide à la correction : Alice Vinet

Par le même auteur

Cour et Jardin est une série d'ouvrages de théâtre destinés aux enfants, ainsi qu'aux professeurs et encadrants d'ateliers. Les cinq pièces de ce volume proposent un voyage au cœur d'un théâtre de fiction puisant ses influences dans les œuvres de pop culture. Elles sont un terrain de jeu traversant des sujets variés et invitant les enfants à s'amuser durant leur découverte du théâtre et de la scène.

Comprend les pièces : *Alerte au pays des contes, Les clones, Le Filmator, Octave le fantôme et Les Naufragés.*

Loi n°49-956 du 16 juillet 1949 sur les publications destinées à la jeunesse, modifiée par la loi n° 2011-525 du 17 mai 2011.

© 2024 William Debrock
Édition : BoD – Books on Demand, info@bod.fr
Impression : BoD – Books on Demand, In de Tarpen 42, Norderstedt (Allemagne)
Impression à la demande
ISBN : 978-2-3225-4003-7
Dépôt légal : juin 2024